AF454403

RECUEIL

DES

LEÇONS D'HARMONIE

Données aux Concours pour les emplois de Chef et de Sous-Chef de musique dans l'Armée.

avec la réalisation des auteurs.

1872 à 1891

PRIX NET: 6 fr.

Les Leçons aux Concours de 1892 (Chef et Sous-Chef)........................ 50⁰

Les Leçons aux Concours de 1893 (Garde Républicaine)..................... 25⁰

Les Leçons aux Concours de 1893 (Equipages de la Flotte)................. 25⁰

Les Leçons aux Concours de 1894 (Chef et Sous-Chef)....................... 50⁰

Les Leçons aux Concours de 1894 : Artillerie et Génie et Artillerie de Versailles)............... 50⁰

Les Leçons aux Concours de 1896 (Chef et Sous-Chef)....................... 75⁰

Les Leçons aux Concours de 1898 (Artillerie et Génie et Artillerie de Versailles)............... 50⁰

Les Leçons aux Concours de 1898 (Chef et Sous-Chef y compris le concours préparatoire).... 75⁰

Les Leçons aux Concours de 1900 (Chef et Sous-Chef)....................... 75⁰

Les Leçons aux Concours de 1900 (Artillerie et Génie et Artillerie de Versailles 75⁰

CETTE PUBLICATION SERA CONTINUÉE.

PARIS

1901

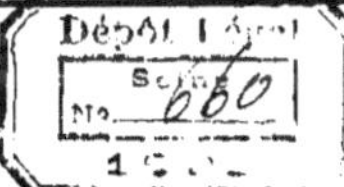

EVETTE et SCHAEFFER, Editeurs,   PASSAGE DU GRAND CERF, 18 & 20.

CONCOURS DE 1900

CANDIDATS CHEFS

Auguste **CHAPUIS**

ARTILLERIE et GÉNIE
VINCENNES et VERSAILLES

4

Rall.

Auguste **CHAPUIS**

ANNÉE 1900

B
B
C
A

CONCOURS DE 1900
CANDIDATS CHEFS

Auguste **CHAPUIS**.

ARTILLERIE ET GÉNIE

1900.

Diminuendo
p
1900

Rall
1900 a.

Auguste **CHAPUIS**

ANNÉE 1900

B par augtion
A
B
B par augtion